school - escuela	
travel - viaje	
transport - transporte	
city - ciudad	
landscape - paisaje	14
restaurant - restaurante	17
supermarket - supermercado	20
drinks - bebida	22
food - comida	23
farm - granja	27
house - casa	31
living room - cuarto de estar	33
kitchen - cocina	35
bathroom - cuarto de baño	38
child's room - cuarto de los niños	42
clothing - vestimenta	44
office - oficina	49
economy - economía	51
occupations - ocupaciones	53
tools - herramientas	56
musical instruments - instrumentos musicales	57
zoo - zoológico	59
sports - deporte	62
activities - actividades	63
family - familia	67
body - cuerpo	68
hospital - hospital	72
emergency - emergencia	76
Earth - Tierra	77
clock - reloj	79
week - semana	80
year - año	81
shapes - formas	83
colours - colores	84
opposites - opuestos	85
numbers - números	88
languages - idiomas	90
who / what / how - quién / qué / cómo	91
where - donde	92

Impressum
Verlag: BABADADA GmbH, Nedderfeld 112 , 22529 Hamburg
Geschäftsführer / Verlagsleitung: Harald Hof
Druck: Books on Demand GmbH, In de Tarpen 42, 22848 Norderstedt

Imprint
Publisher: BABADADA GmbH, Nedderfeld 112 , 22529 Hamburg, Germany
Managing Director / Publishing direction: Harald Hof
Print: Books on Demand GmbH, In de Tarpen 42, 22848 Norderstedt, Germany

school
escuela

- divide / dividir
- board / mesa
- classroom / aula
- teacher / docente
- school yard / patio de escuela
- paper / papel
- write / escribir
- pen / bolígrafo
- desk / escritorio
- ruler / regla
- book / libro
- pupil / alumno

satchel
mochila escolar

pencil case
caja de lápices

pencil
lápiz

pencil sharpener
sacapuntas

rubber
goma de borrar

visual dictionary
diccionario visual

drawing pad
bloc de dibujo

drawing
dibujo

paintbrush
pincel

paint box
caja de pinturas

scissors
tijera

glue
pegamento

exercise book
libro de ejercicios

homework
tarea

number
número

add
sumar

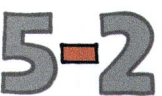
subtract
restar

multiply
multiplicar

calculate
calcular

letter
letra

alphabet
alfabeto

school - escuela

word
palabra

text
texto

read
leer

chalk
tiza

lesson
lección

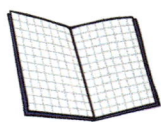
register
libro de clase

exam
examen

certificate
certificado

school uniform
uniforme escolar

education
educación

encyclopedia
enciclopedia

university
universidad

microscope
microscopio

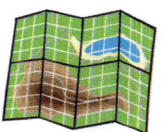
map
mapa

paper bin
cesto de papeles

travel
viaje

- hotel / hotel
- hostel / albergue
- bureau de change / casa de cambio
- suitcase / maleta
- car / auto

language
idioma

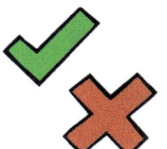

yes / no
sí / no

Okay
ok

hello
hola

translator
intérprete

Thank you
gracias

how much does ... cost?

¿Cuánto cuesta…?

I do not understand

No entiendo

problem

problema

Good evening!

¡Buenas tardes!

Good morning!

¡Buenos días!

Good night!

¡Buenas noches!

bye bye

adiós

direction

dirección

luggage

equipaje

bag

bolso

backpack

mochila

guest

invitado

room

cuarto

sleeping bag

saco de dormir

tent

tienda de campaña

travel - viaje

tourist information
información al turista

beach
playa

credit card
tarjeta de crédito

breakfast
desayuno

lunch
almuerzo

dinner
cena

ticket
pasaje

lift
ascensor

stamp
sello

border
límite

customs
aduana

embassy
embajada

visa
visa

passport
pasaporte

travel - viaje

transport
transporte

aeroplane / avión
ship / barco
fire engine / coche de bomberos
bus / bus
truck / camión
motorboat / lancha a motor
car / auto
bike / bicicleta

ferry
balsa

boat
lancha

motorbike
motocicleta

police car
auto de policía

racing car
auto de carreras

rental car
auto de alquiler

car sharing
alquiler de autos

breakdown truck
grúa

refuse truck
vehículo recolector de basura

motor
motor

fuel
gasolina

petrol station
gasolinera

traffic sign
señal de tráfico

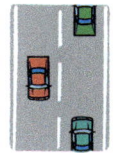

traffic
tránsito

traffic jam
atasco

car park
estacionamiento

train station
estación de tren

tracks
carril

train
tren

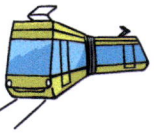

tram
tranvía

carriage
vagón

transport - transporte

helicopter
helicóptero

airport
aeropuerto

tower
torre

passenger
pasajero

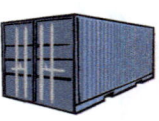
container
contenedor

carton
caja de cartón

cart
carro

basket
cesta

take off / land
despegar / aterrizar

city
ciudad

village
aldea

city centre
centro de la ciudad

house
casa

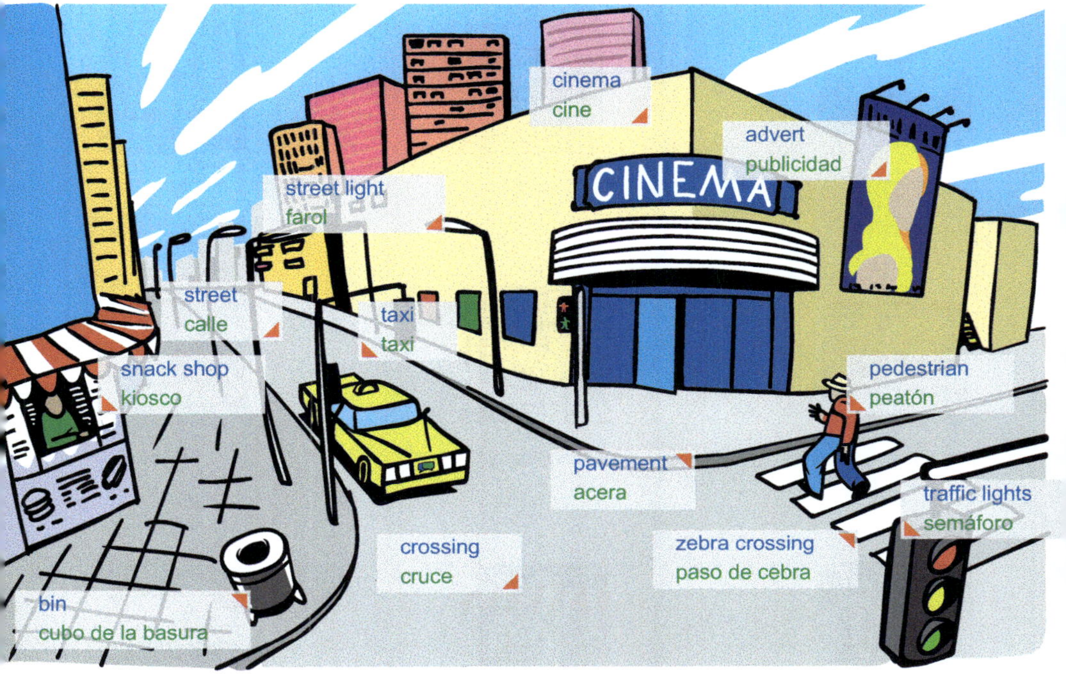

cinema
cine

advert
publicidad

street light
farol

street
calle

taxi
taxi

snack shop
kiosco

pedestrian
peatón

pavement
acera

traffic lights
semáforo

crossing
cruce

zebra crossing
paso de cebra

bin
cubo de la basura

hut
cabaña

flat
apartamento

train station
estación de tren

town hall
ayuntamiento

museum
museo

school
escuela

city - ciudad

university

universidad

bank

banco

hospital

hospital

hotel

hotel

pharmacy

farmacia

office

oficina

book shop

librería

shop

negocio

florist's

florería

supermarket

supermercado

market

mercado

department store

grandes almacenes

fishmonger's

pescadería

shopping centre

centro comercial

harbour

puerto

city - ciudad

park
parque

bench
banco

bridge
puente

stairs
escalera

underground
metro

tunnel
túnel

bus stop
parada de autobuses

bar
bar

restaurant
restaurante

postbox
buzón de correo

road sign
letrero

parking meter
parquímetro

zoo
zoológico

swimming pool
piscina

mosque
mezquita

city - ciudad

farm
granja

pollution
polución

graveyard
cementerio

church
iglesia

playground
parque infantil

temple
templo

landscape
paisaje

- leaf — hoja
- signpost — indicador de camino
- way — sendero
- meadow — pradera
- stone — piedra
- tree — árbol
- hiker — caminante
- river — río
- grass — pasto
- flower — flor

landscape - paisaje

valley
valle

hill
montaña

lake
lago

forest
bosque

desert
desierto

volcano
volcán

castle
castillo

rainbow
arco iris

mushroom
seta

palm tree
palmera

mosquito
mosquito

fly
mosca

ant
hormiga

bee
abeja

spider
araña

landscape - paisaje

beetle
escarabajo

frog
rana

squirrel
ardilla

hedgehog
erizo

hare
liebre

owl
lechuza

bird
pájaro

swan
cisne

boar
jabalí

deer
ciervo

moose
alce

dam
embalse

wind turbine
aerogenerador

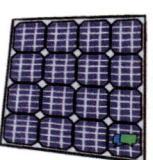
solar panel
módulo solar

climate
clima

landscape - paisaje

restaurant
restaurante

- waiter — camarero
- menu — carta del menú
- chair — silla
- soup — sopa
- pizza — pizza
- cutlery — cubiertos
- tablecloth — mantel

starter — entrada
main course — plato principal
dessert — postre

drinks — bebida
food — comida
bottle — botella

fast food
comida rápida

street food
comida callejera

teapot
tetera

sugar bowl
azucarera

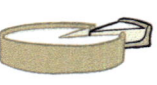
portion
porción

espresso machine
máquina de espresso

high chair
silla alta

bill
factura

tray
bandeja

knife
cuchillo

fork
tenedor

spoon
cuchara

teaspoon
cuchara de té

serviette
servilleta

glass
vaso

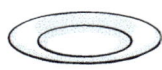
plate
plato

soup plate
plato de sopa

saucer
platillo

sauce
salsa

salt cellar
salero

pepper mill
molinillo para pimienta

vinegar
vinagre

oil
aceite

spices
especias

ketchup
ketchup

mustard
mostaza

mayonnaise
mayonesa

restaurant - restaurante

supermarket
supermercado

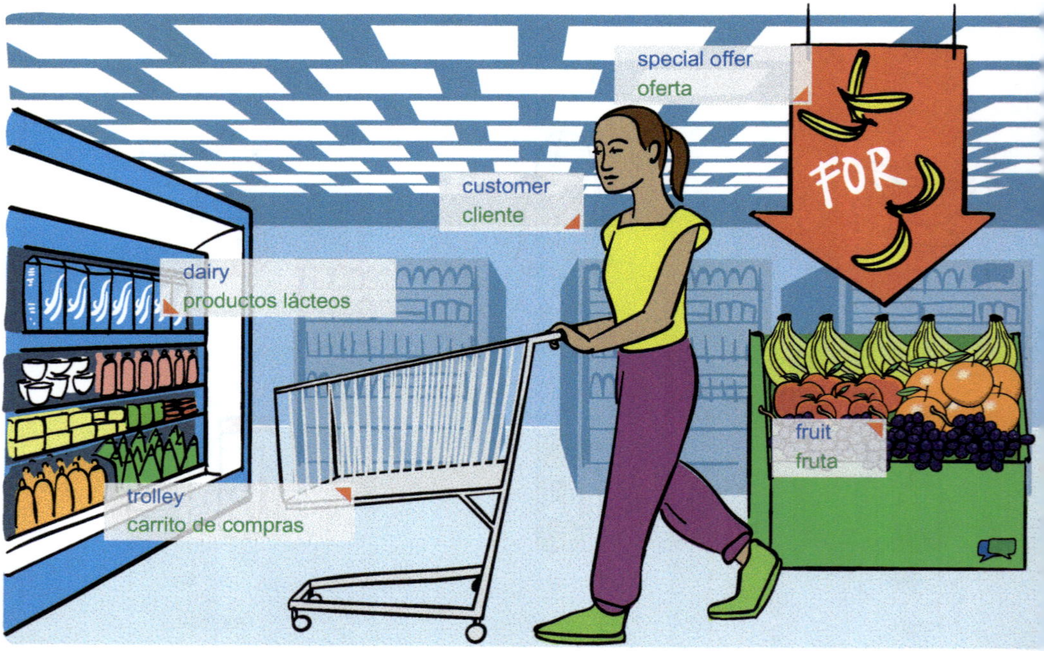

special offer
oferta
FOR
customer
cliente
dairy
productos lácteos
fruit
fruta
trolley
carrito de compras

BUTCHERS

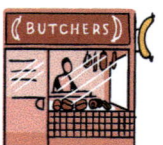

butcher´s

carnicería

BAKERY

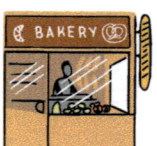

baker´s

panadería

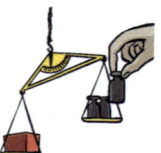

weigh

pesar

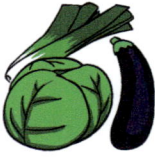

vegetables

verdura

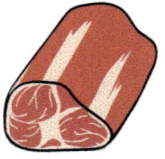

meat

carne

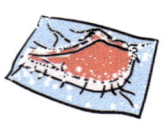

frozen food

alimentos congelados

cold meat

fiambre

tinned food

conservas

washing powder

detergente en polvo

sweets

dulces

household products

artículos domésticos

cleaning products

productos de limpieza

salesperson

vendedora

till

caja

cashier

cajero

shopping list

lista de compras

opening hours

horario de atención

wallet

cartera

credit card

tarjeta de crédito

bag

maleta

plastic bag

bolsa plástica

supermarket - supermercado

drinks
bebida

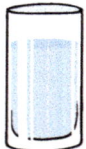
water
agua

juice
jugo

milk
leche

coke
refresco de cola

wine
vino

beer
cerveza

alcohol
alcohol

cocoa
cacao

tea
té

coffee
café

espresso
espresso

cappuccino
cappuccino

food
comida

banana
banana

apple
manzana

orange
naranja

melon
sandía

lemon
limón

carrot
zanahoria

garlic
ajo

bamboo
bambú

onion
cebolla

mushroom
seta

nuts
nueces

noodles
fideos

spaghetti
espagueti

rice
arroz

salad
ensalada

chips
patatas fritas

fried potatoes
patatas salteadas

pizza
pizza

hamburger
hamburguesa

sandwich
sándwich

cutlet
escalope

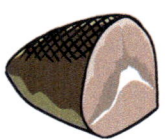
ham
jamón

salami
salame

sausage
embutido

chicken
pollo

roast
asado

fish
pescado

porridge oats
copos de avena

muesli
musli

cornflakes
copos de maíz tostado

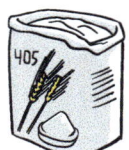
flour
harina

croissant
croissant

bread roll
panecillo

bread
pan

toast
tostada

biscuits
galletas

butter
mantequilla

curd
cuajada

cake
pastel

egg
huevo

fried egg
huevo frito

cheese
queso

food - comida

ice cream
helado

sugar
azúcar

honey
miel

jam
mermelada

chocolate spread
praliné

curry
curry

food - comida

farm
granja

farmhouse — casa de labranza
barn — pajar
straw bale — paca de paja
field — campo
horse — caballo
trailer — remolque
foal — potro
tractor — tractor
donkey — asno
lamb — cordero
sheep — oveja

goat
cabra

cow
vaca

calf
ternero

pig
cerdo

piglet
lechón

bull
toro

goose
ganso

duck
pato

chick
polluelo

hen
pollo

cock
gallo

rat
rata

cat
gato

mouse
ratón

ox
buey

dog
perro

doghouse
caseta del perro

garden hose
manguera de riego

watering can
regadera

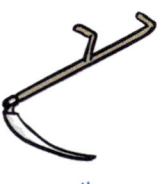
scythe
guadaña

plough
arado

farm - granja

sickle
hoz

hoe
azada

pitchfork
bieldo

axe
hacha

wheelbarrow
carretilla

trough
abrevadero

milk can
lechera

sack
saco

fence
cerca

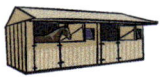
stable
establo

greenhouse
invernadero

soil
suelo

seed
semilla

fertilizer
fertilizante

combine harvester
cosechadora

farm - granja

harvest
cosechar

harvest
cosecha

yams
raíz de ñame

wheat
trigo

soy
soja

potato
patata

corn
maíz

rapeseed
colza

fruit tree
Árbol frutal

cassava
mandioca

cereals
cereales

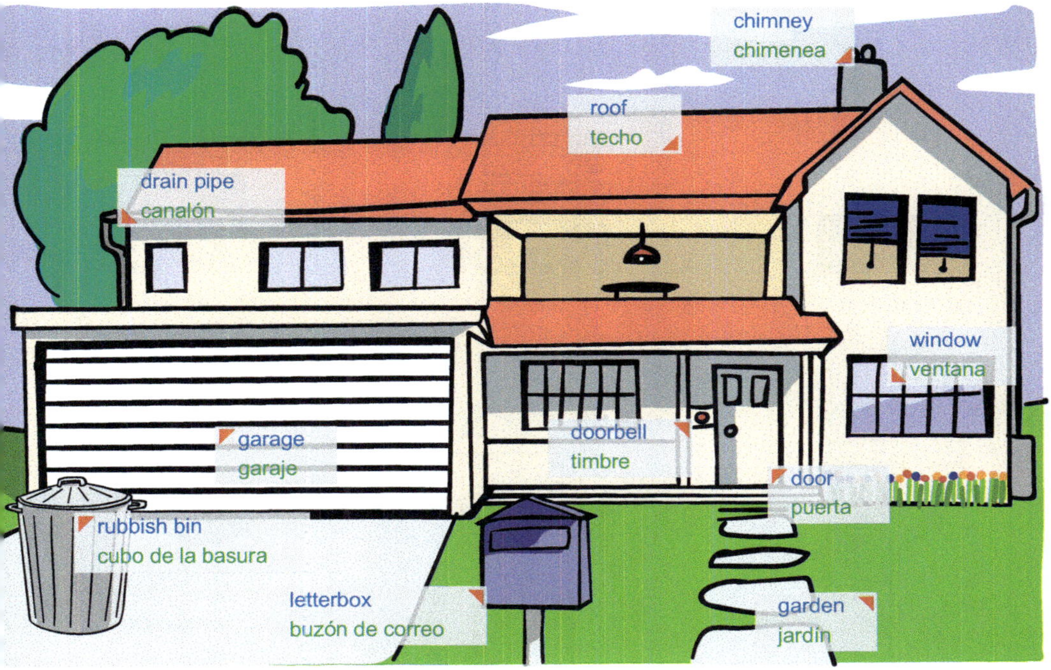

house
casa

- chimney / chimenea
- roof / techo
- drain pipe / canalón
- window / ventana
- garage / garaje
- doorbell / timbre
- door / puerta
- rubbish bin / cubo de la basura
- letterbox / buzón de correo
- garden / jardín

living room
cuarto de estar

bathroom
cuarto de baño

kitchen
cocina

bedroom
dormitorio

child's room
cuarto de los niños

dining room
comedor

floor
piso

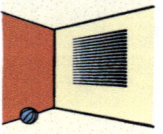

wall
pared

ceiling
cielorraso

cellar
sótano

sauna
sauna

balcony
balcón

terrace
terraza

pool
piscina

lawn mower
cortacésped

sheet
funda nórdica

bedspread
edredón

bed
cama

broom
escoba

bucket
cubo

switch
interruptor

house - casa

living room
cuarto de estar

- picture / imagen
- wallpaper / papel para empapelar
- lamp / lámpara
- shelf / estante
- cupboard / gabinete
- fireplace / hogar
- television / televisor
- cushion / cojín
- flower / flor
- sofa / sofá
- vase / florero
- remote control / control remoto

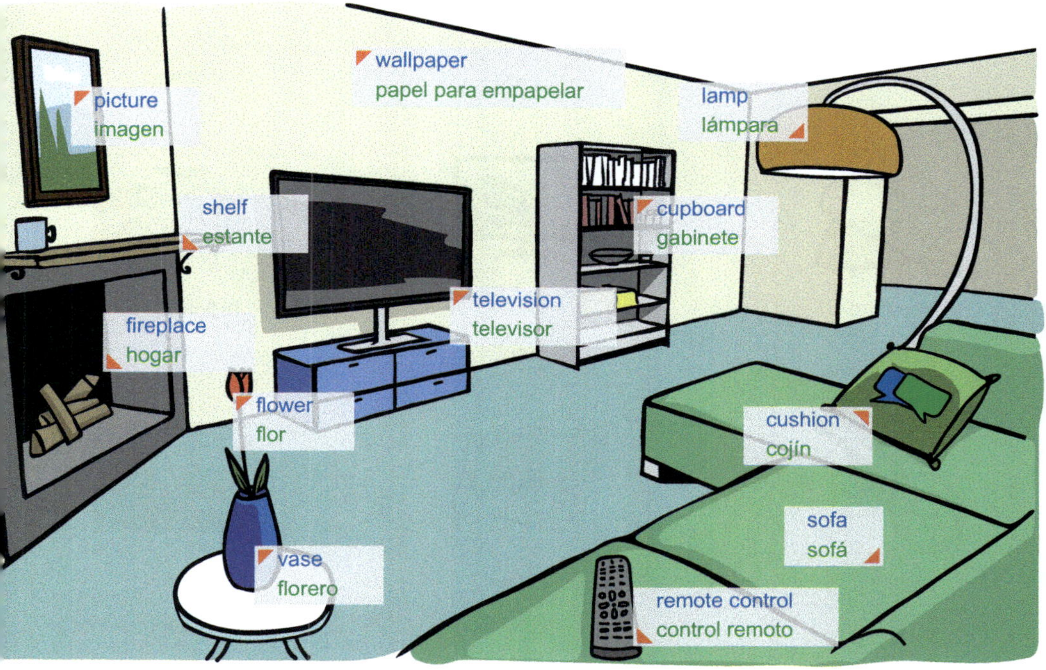

carpet
alfombra

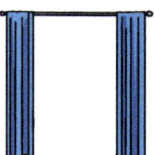

curtain
cortina

table
mesa

chair
silla

rocking chair
mecedora

armchair
sillón

living room - cuarto de estar

book	blanket	decoration
libro	frazada	decoración
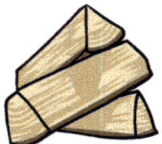		
firewood	film	hi-fi equipment
leña	film	equipo estereofónico

key	newspaper	painting
llave	periódico	cuadro

poster	radio	notepad
póster	radio	bloc de notas

hoover	cactus	candle
aspiradora	cactus	vela

living room - cuarto de estar

kitchen
cocina

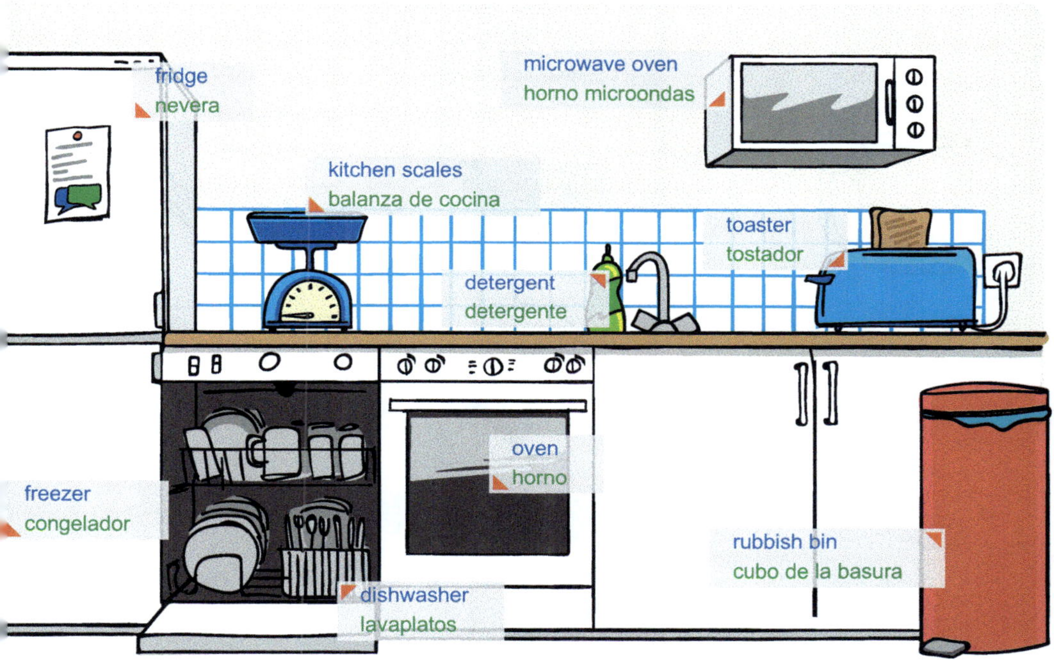

- microwave oven / horno microondas
- fridge / nevera
- kitchen scales / balanza de cocina
- detergent / detergente
- toaster / tostador
- oven / horno
- freezer / congelador
- rubbish bin / cubo de la basura
- dishwasher / lavaplatos

cooker

cocina

pot

olla

cast-iron pot

olla de fundición de hierro

wok / kadai

wok / kadai

pan

sartén

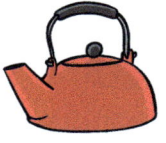

kettle

hervidor de agua

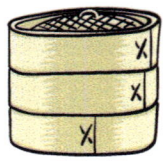

steamer

olla de vapor

baking tray

bandeja de horno

crockery

vajilla

mug

vaso

bowl

bol

chopsticks

palillos para comer

ladle

cucharón de sopa

spatula

espátula

whisk

batidor

strainer

colador

sieve

cedazo

grater

rallador

mortar

mortero

barbecue

parrillada

open fire

fogata

kitchen - cocina

chopping board
tabla de picar

rolling pin
rodillo

corkscrew
sacacorchos

can
lata

can opener
abrelatas

pot holder
agarrador

sink
fregadero

brush
cepillo

sponge
esponja

blender
batidora

deep freezer
arcón congelador

baby bottle
biberón

tap
grifo

bathroom
cuarto de baño

- shower / ducha
- heating / calefacción
- towel / toalla
- shower curtain / cortina para ducha
- bubble bath / baño de espuma
- bathtub / bañera
- glass / vaso
- washing machine / lavadora
- tap / grifo
- tiles / baldosa
- potty / orinal
- sink / fregadero

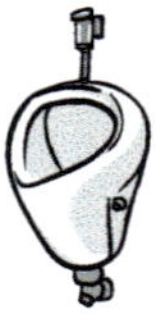

toilet	squat toilet	bidet
cuarto de baño	placa turca	bidé
urinal	toilet paper	toilet brush
urinario	papel higiénico	escobilla para el cuarto de baño

toothbrush
cepillo de dientes

toothpaste
pasta dentífrica

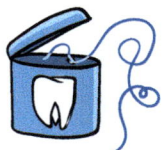
dental floss
seda dental

wash
lavar

handheld shower
ducha teléfono

douche
ducha higiénica

basin
cuenco

back brush
cepillo para la espalda

soap
jabón

shower gel
gel de ducha

shampoo
champú

flannel
manopla para baño

drain
desagüe

cream
crema

deodorant
desodorante

bathroom - cuarto de baño

mirror
espejo

hand mirror
espejo de maquillaje

razor
máquina de afeitar

shaving foam
espuma de afeitar

aftershave
loción para después del afeitado

comb
peine

brush
cepillo

hair dryer
secador para cabello

hairspray
laca de peinado

makeup
maquillaje

lipstick
lápiz labial

nail varnish
laca para uñas

cotton wool
algodón

nail scissors
tijera para uñas

perfume
perfume

bathroom - cuarto de baño

washbag
neceser

stool
taburete

weighing scale
balanza

bathrobe
bata de baño

rubber gloves
guantes de goma

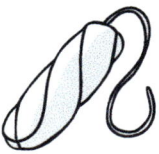
tampon
tampón

sanitary towel
compresa

chemical toilet
wáter químico

child's room

cuarto de los niños

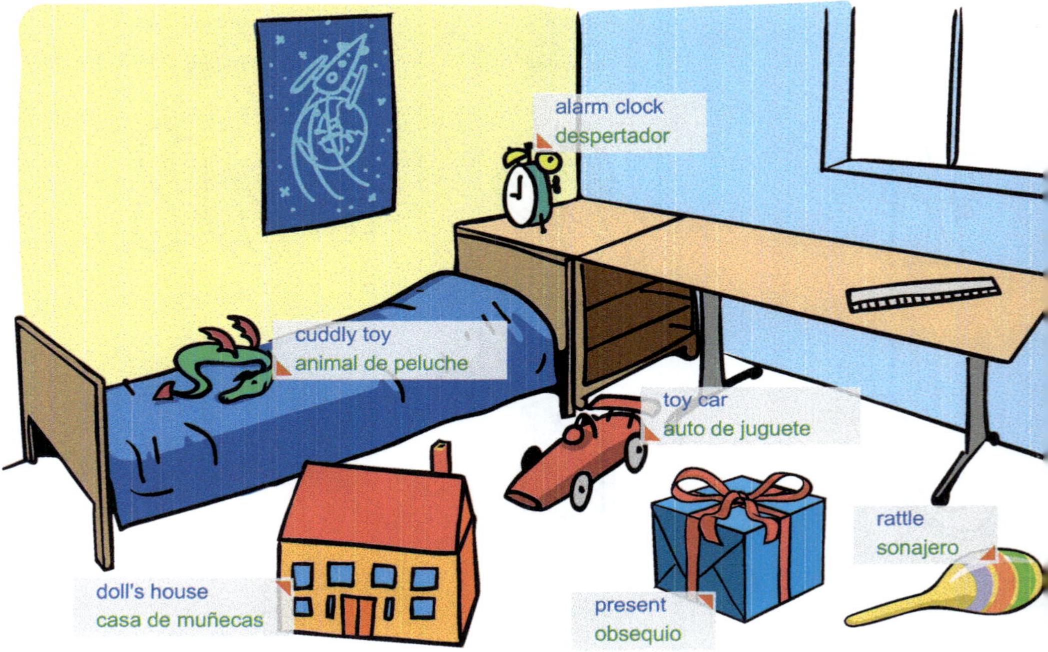

alarm clock
despertador
cuddly toy
animal de peluche
toy car
auto de juguete
rattle
sonajero
doll's house
casa de muñecas
present
obsequio

balloon

globo

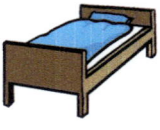

bed

cama

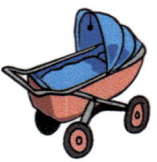

pram

cochecito para niños

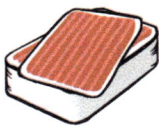

deck of cards

juego de barajas

jigsaw

rompecabezas

SUPER MEGA

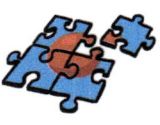

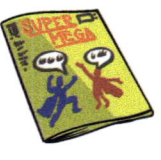

comic

cómic

lego bricks
piezas de Lego

building blocks
bloques para jugar

action figure
figura de acción

romper suit
pijama de una pieza

Frisbee
frisbee

mobile
móvil

board game
juego de mesa

dice
dado

model train set
tren eléctrico a escala

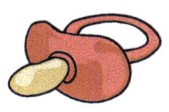

dummy
chupete

party
fiesta

picture book
libro de dibujos

ball
pelota

doll
títere

play
jugar

child's room - cuarto de los niños

sandpit
arenero

swing
columpio

toys
juguetes

video game console
consola de videojuego

tricycle
triciclo

teddy bear
osito de peluche

wardrobe
guardarropa

clothing
vestimenta

socks
calcetines

stockings
medias

tights
panti

body
body

trousers
pantalón

jeans
jeans

skirt
falda

blouse
blusa

shirt
camisa

pullover
pullover

hoodie
sweater

blazer
blazer

jacket
chaqueta

coat
abrigo

raincoat
impermeable

costume
traje chaqueta

dress
vestido

wedding dress
vestido de bodas

suit
traje

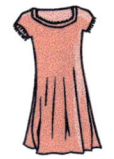

nightgown
camisón

pyjamas
pijama

sari
sari

headscarf
pañuelo de cabeza

turban
turbante

burqa
burka

kaftan
caftán

abaya
abaya

swimsuit
traje de baño

trunks
bañador

shorts
shorts

tracksuit
chándal

apron
delantal

gloves
guante

button
botón

glasses
gafa

bracelet
brazalete

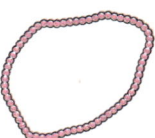

necklace
cadena

ring
anillo

earring
aro

cap
gorra

coat hanger
percha

hat
sombrero

tie
corbata

zipper
cierre a cremallera

helmet
casco

braces
tiradores

school uniform
uniforme escolar

uniform
uniforme

bib
babero

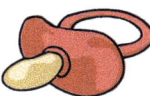
dummy
chupete

nappy
pañal

office
oficina

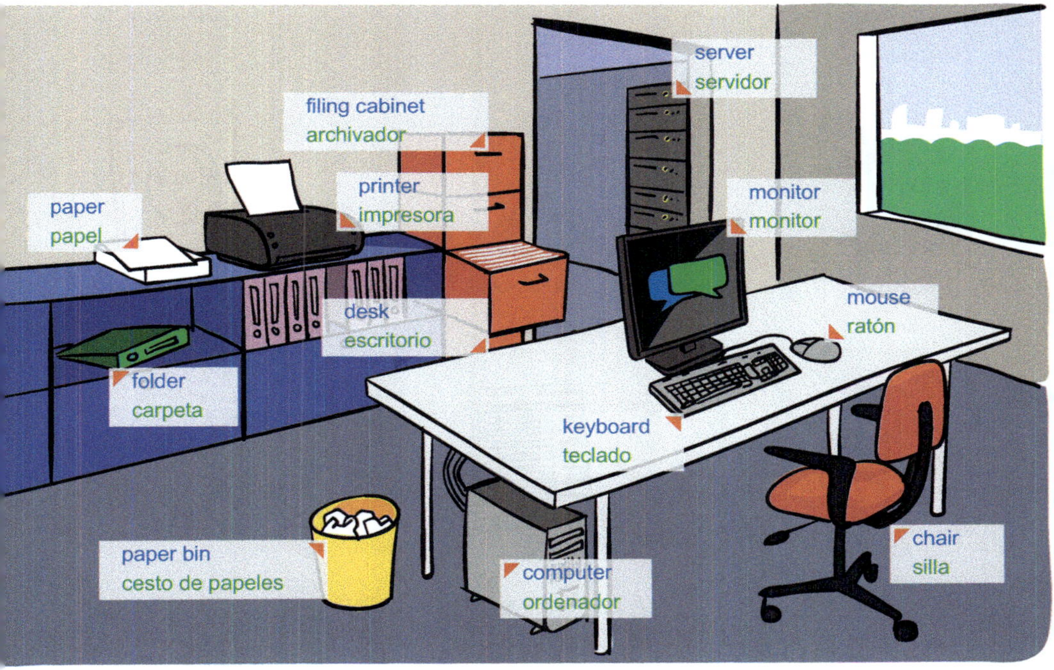

- server / servidor
- filing cabinet / archivador
- printer / impresora
- paper / papel
- monitor / monitor
- mouse / ratón
- desk / escritorio
- folder / carpeta
- keyboard / teclado
- chair / silla
- paper bin / cesto de papeles
- computer / ordenador

coffee mug
taza de café

calculator
calculadora

internet
internet

laptop
laptop

letter
carta

message
mensaje

mobile
teléfono móvil

network
red

photocopier
fotocopiadora

software
software

telephone
teléfono

plug socket
tomacorriente

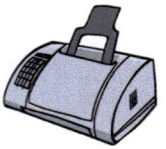
fax machine
máquina de fax

form
formulario

document
documento

economy
economía

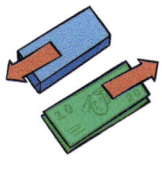
buy
comprar

pay
pagar

trade
comerciar

money
dinero

dollar
dólar

euro
euro

yen
yen

rouble
rublo

Swiss franc
franco

renminbi yuan
renminbi

rupee
rupia

cashpoint
cajero automático

bureau de change	gold	silver
casa de cambio	oro	plata

oil	energy	price
petróleo	energía	precio
		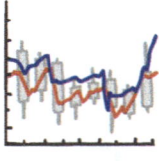
contract	tax	stock
contrato	impuesto	acción

work	employee	employer
trabajar	empleado	empleador

factory	shop	
fábrica	negocio	

economy - economía

occupations
ocupaciones

police officer / policía

fireman / bombero

cook / cocinero

doctor / médico

pilot / piloto

gardener

jardinero

carpenter

carpintero

seamstress

costurera

judge

juez

chemist

químico

actor

actor

occupations - ocupaciones

bus driver

conductor de autobús

taxi driver

taxista

fisherman

pescador

cleaning lady

mujer de la limpieza

roofer

techista

waiter

camarero

hunter

cazador

painter

pintor

baker

panadero

electrician

electricista

builder

albañil

engineer

ingeniero

butcher

carnicero

plumber

fontanero

postman

cartero

occupations - ocupaciones

soldier
soldado

architect
arquitecto

cashier
cajero

florist
florista

hairdresser
peluquero

conductor
cobrador

mechanic
mecánico

captain
capitán

dentist
odontólogo

scientist
científico

rabbi
rabino

imam
imam

monk
monje

clergyman
párroco

tools
herramientas

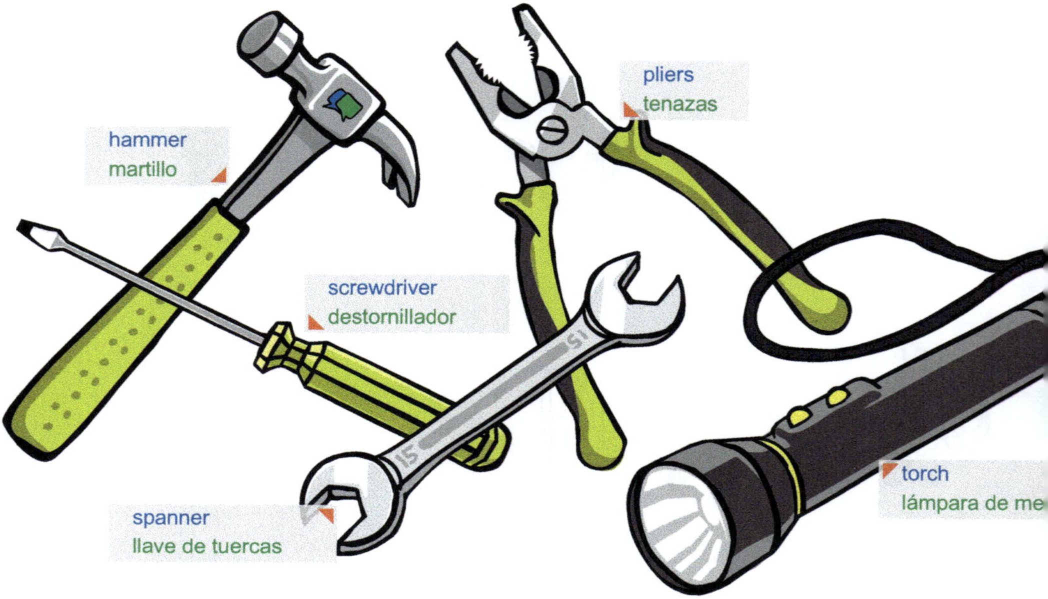

hammer — martillo

pliers — tenazas

screwdriver — destornillador

spanner — llave de tuercas

torch — lámpara de me

digger
excavadora

toolbox
caja de herramientas

ladder
escalerilla

saw
serrucho

nails
clavos

drill
taladro

repair

reparar

shovel

pala

Damn!

¡Maldición!

dustpan

recogedor

paint pot

lata de pintura

screws

tornillos

musical instruments
instrumentos musicales

- loudspeaker / altavoz
- drum kit / batería
- guitar / guitarra
- double bass / contrabajo
- trumpet / trompeta

piano
piano

violin
violín

bass
bajo

timpani
timbales

drums
tambor

keyboard
teclado

saxophone
saxofón

flute
flauta

microphone
micrófono

musical instruments - instrumentos musicales

zoo
zoológico

- tiger / tigre
- entrance / entrada
- cage / jaula
- zebra / cebra
- animal feed / comida para animales
- panda / panda

animals
animales

elephant
elefante

kangaroo
canguro

rhino
rinoceronte

gorilla
gorila

bear
oso

zoo - zoológico

camel
camello

ostrich
avestruz

lion
león

monkey
mono

flamingo
flamengo

parrot
papagayo

polar bear
oso polar

penguin
pingüino

shark
tiburón

peacock
pavo real

snake
serpiente

crocodile
cocodrilo

zookeeper
cuidador del zoológico

seal
foca

jaguar
jaguar

zoo - zoológico

pony
pony

leopard
leopardo

hippo
hipopótamo

giraffe
jirafa

eagle
águila

boar
jabalí

fish
pescado

turtle
tortuga

walrus
morsa

fox
zorro

gazelle
gacela

sports
deporte

activities
actividades

jump / saltar
laugh / reír
hug / abrazar
sing / cantar
walk / caminar
pray / rezar
kiss / besar
dream / soñar

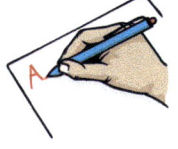

write
escribir

draw
dibujar

show
mostrar

push
presionar

give
dar

take
tomar

have / tener	do / hacer	be / ser

stand / estar de pie	run / correr	pull / tirar

throw / arrojar	fall / caer	lie / estar acostado

wait / esperar	carry / llevar	sit / estar sentado

get dressed / vestirse	sleep / dormir	wake up / despertar

activities - actividades

look at

mirar

cry

llorar

stroke

acariciar

comb

peinarse

talk

conversar

understand

entender

ask

preguntar

listen

oír

drink

beber

eat

comer

tidy up

asear

love

amar

cook

cocinar

drive

conducir

fly

volar

activities - actividades

sail
navegar

calculate
calcular

read
leer

learn
aprender

work
trabajar

marry
casarse

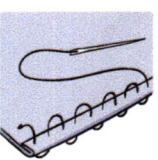
sew
coser

brush teeth
limpiarse los dientes

kill
matar

smoke
fumar

send
enviar

activities - actividades

family
familia

- grandmother / abuela
- grandfather / abuelo
- father / padre
- mother / madre
- baby / bebé
- daughter / hija
- son / hijo

guest
invitado

aunt
tía

uncle
tío

brother
hermano

sister
hermana

family - familia

body
cuerpo

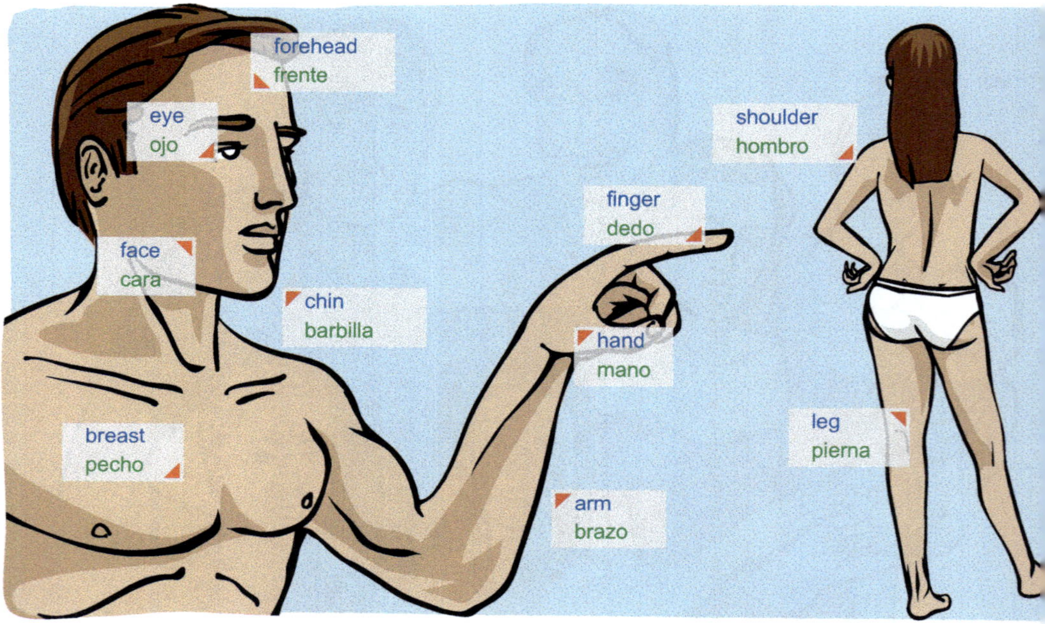

- forehead — frente
- eye — ojo
- face — cara
- chin — barbilla
- breast — pecho
- finger — dedo
- hand — mano
- arm — brazo
- shoulder — hombro
- leg — pierna

baby
bebé

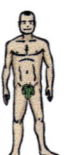

man
hombre

woman
mujer

girl
muchacha

boy
joven

head
cabeza

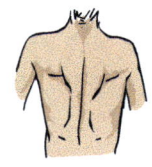

back
espalda

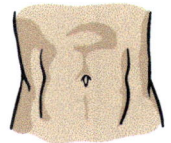

belly
vientre

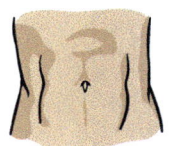

belly button
ombligo

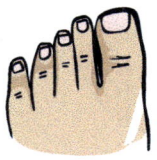

toe
dedo del pie

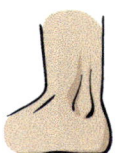

heel
talón

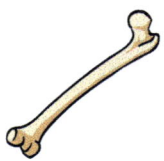

bone
hueso

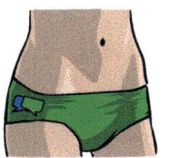

hip
cadera

knee
rodilla

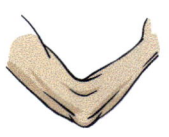

elbow
codo

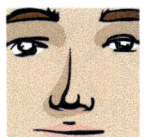

nose
nariz

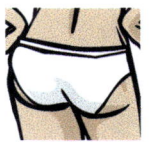

bottom
trasero

skin
piel

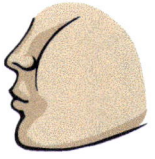

cheek
mejilla

ear
oreja

lip
labio

body - cuerpo

mouth
boca

tooth
diente

tongue
lengua

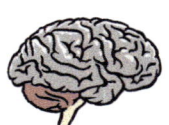
brain
cerebro

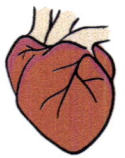
heart
corazón

muscle
músculo

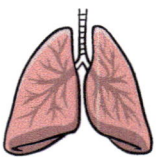
lung
pulmón

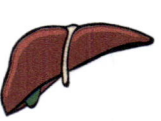
liver
hígado

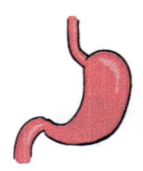
stomach
estómago

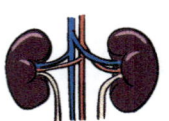
kidneys
riñones

sex
relación sexual

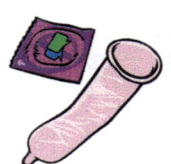
condom
condón

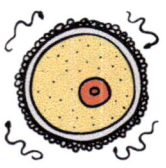
ovum
Óvulo

semen
esperma

pregnancy
embarazo

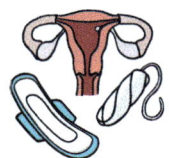
menstruation
menstruación

vagina
vagina

penis
pene

eyebrow
ceja

hair
cabello

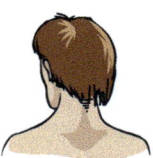
neck
cuello

hospital
hospital

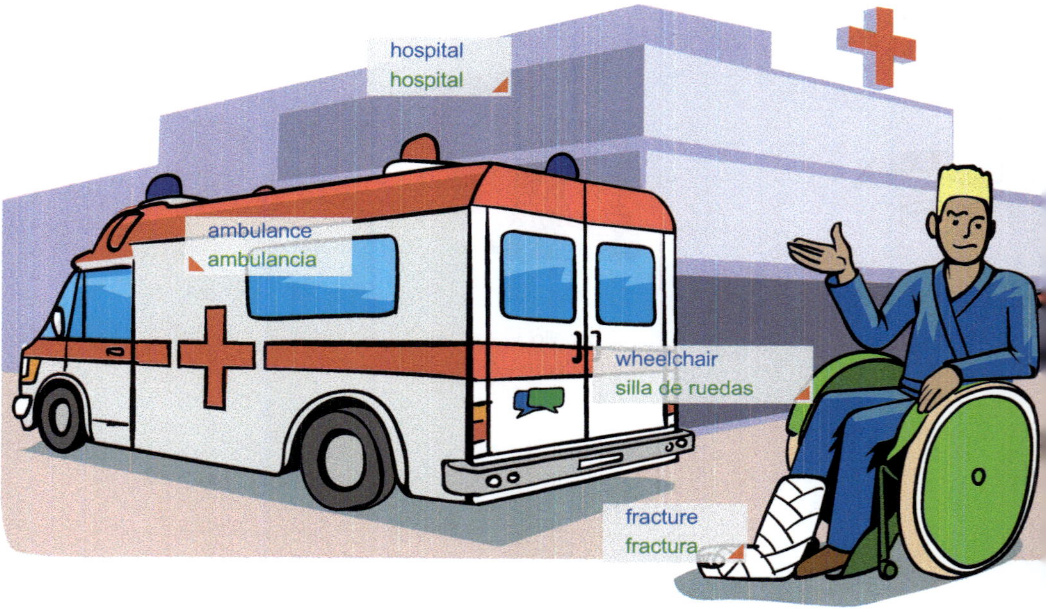

- hospital / hospital
- ambulance / ambulancia
- wheelchair / silla de ruedas
- fracture / fractura

doctor
médico

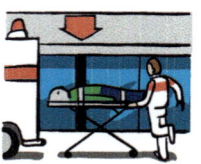

emergency room
admisión de urgencia

nurse
enfermera

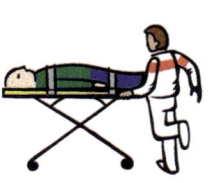

emergency
emergencia

unconscious
inconsciente

pain
dolor

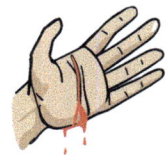
injury
lesión

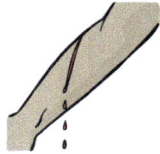
bleeding
hemorragia

heart attack
infarto de miocardio

stroke
apoplejía cerebral

allergy
alergia

cough
tos

fever
fiebre

flu
gripe

diarrhoea
diarrea

headache
dolor de cabeza

cancer
cáncer

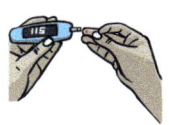
diabetes
diabetes

surgeon
cirujano

scalpel
escalpelo

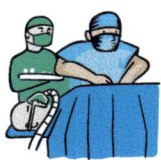
operation
operación

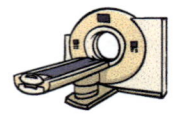
CT
TC

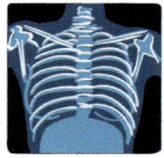
x-ray
rayos X

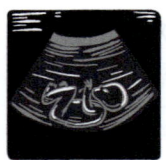
ultrasound
ultrasonido

face mask
máscara

disease
enfermedad

waiting room
sala de espera

crutch
muleta

plaster
emplasto

bandage
vendaje

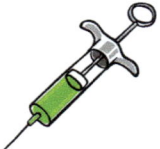
injection
inyección

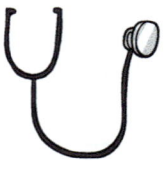
stethoscope
estetoscopio

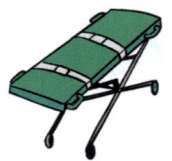
stretcher
camilla

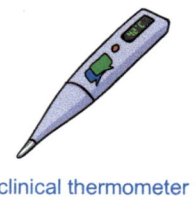
clinical thermometer
termómetro

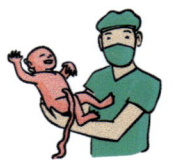
birth
nacimiento

overweight
sobrepeso

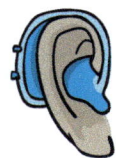
hearing aid
audífono

disinfectant
desinfectante

infection
infección

virus
virus

HIV / AIDS
VIH / SIDA

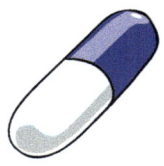
medicine
medicina

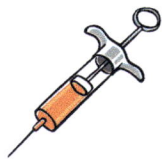
vaccination
vacunación

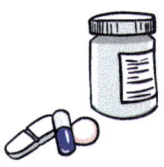
tablets
comprimido

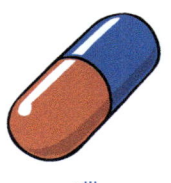
pill
píldora anticonceptiva

emergency call
llamada de emergencia

blood pressure monitor
medidor de presión arterial

sick / healthy
enfermo / saludable

hospital - hospital

emergency
emergencia

Help!
¡Ayuda!

alarm
alarma

assault
asalto

attack
ataque

danger
peligro

emergency exit
salida de emergencia

Fire!
¡Fuego!

fire extinguisher
extintor

accident
accidente

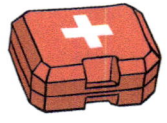

first-aid kit
kit de primeros auxilios

SOS
SOS

police
Policía

Earth
Tierra

Europe
Europa

North America
América del Norte

South America
América del Sur

Africa
África

Asia
Asia

Australia
Australia

Atlantic
Atlántico

Pacific
Pacífico

Indian Ocean
Océano Índico

Antarctic Ocean
Océano Antártico

Arctic Ocean
Océano Ártico

North Pole
Polo Norte

South Pole
Polo Sur

Antarctica
Antártida

Earth
Tierra

land
país

sea
mar

island
isla

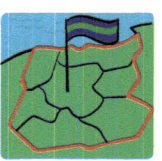
nation
nación

state
Estado

clock
reloj

clock face
cuadrante

hour hand
horario

minute hand
minutero

second hand
segundero

What time is it?
¿Qué hora es?

day
día

time
tiempo

now
ahora

digital watch
reloj digital

minute
minuto

hour
hora

week
semana

Monday — lunes
Tuesday — martes
Wednesday — miércoles
Thursday — jueves
Friday — viernes
Saturday — sábado
Sunday — domingo

yesterday
ayer

today
hoy

tomorrow
mañana

morning
mañana

noon
mediodía

evening
tarde

business days
jornada de trabajo

weekend
fin de semana

week - semana

year
año

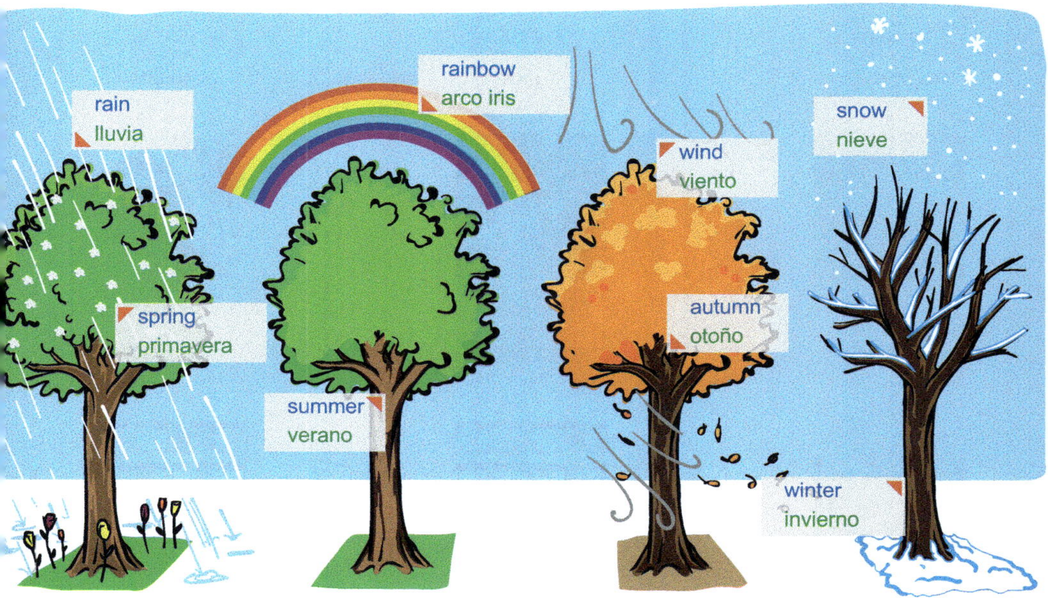

rain
lluvia
rainbow
arco iris
wind
viento
snow
nieve
spring
primavera
autumn
otoño
summer
verano
winter
invierno

4.APRIL 11°
5.APRIL 4°
6.APRIL 13°
7.APRIL 8°
8.APRIL 10°

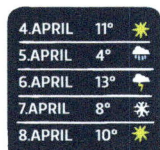

weather forecast

pronóstico meteorológico

F C
120 90 60 30 0 -30
40 30 20 10 0 -10 -20

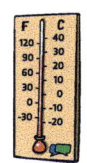

thermometer

termómetro

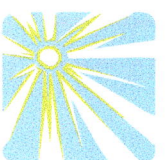

sunshine

luz solar

cloud

nube

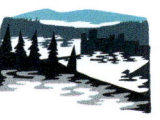

fog

niebla

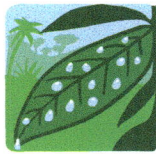

humidity

humedad ambiente

lightning
relámpago

thunder
trueno

storm
tormenta

hail
granizo

monsoon
monzón

flood
inundación

ice
hielo

January
enero

February
febrero

March
marzo

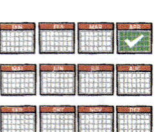
April
abril

May
mayo

June
junio

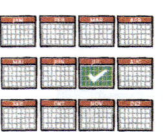
July
julio

August
agosto

year - año

September
septiembre

October
octubre

November
noviembre

December
diciembre

shapes
formas

circle
círculo

square
cuadrado

rectangle
rectángulo

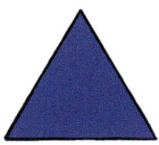
triangle
triángulo

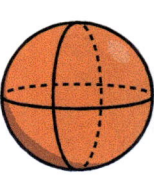
sphere
esfera

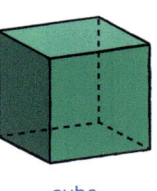
cube
cubo

colours
colores

white
blanco

yellow
amarillo

orange
anaranjado

pink
rosa

red
rojo

purple
lila

blue
azul

green
verde

brown
marrón

grey
gris

black
negro

opposites
opuestos

a lot / a little
mucho / poco

angry / calm
enojado / calmado

beautiful / ugly
bonito / feo

beginning / end
comienzo / fin

big / small
grande / pequeño

bright / dark
claro / oscuro

brother / sister
hermano / hermana

clean / dirty
limpio / sucio

complete / incomplete
completo / incompleto

day / night
día / noche

dead / alive
muerto / vivo

wide / narrow
ancho / angosto

edible / inedible

disfrutable / no disfrutable

evil / nice

malo / amigable

excited / bored

excitado / aburrido

fat / thin

gordo / delgado

first / last

primero / último

friend / enemy

amigo / enemigo

full / empty

lleno / vacío

hard / soft

duro / suave

heavy / light

pesado / liviano

hunger / thirst

hambre / sed

sick / healthy

enfermo / saludable

illegal / legal

ilegal / legal

intelligent / stupid

inteligente / tonto

left / right

izquierda / derecha

near / far

cercano / lejano

new / used

nuevo / usado

nothing / something

nada / algo

old / young

viejo / joven

on / off

encendido / apagado

open / closed

abierto / cerrado

quiet / loud

bajo / fuerte

rich / poor

rico / pobre

right / wrong

correcto / incorrecto

rough / smooth

áspero / liso

sad / happy

triste / alegre

short / long

breve / extenso

slow / fast

lento / veloz

wet / dry

mojado / seco

warm / cool

caliente / frío

war / peace

guerra / paz

opposites - opuestos

numbers
números

0 zero / cero

1 one / uno

2 two / dos

3 three / tres

4 four / cuatro

5 five / cinco

6 six / seis

7 seven / siete

8 eight / ocho

9 nine / nueve

10 ten / diez

11 eleven / once

12

twelve
doce

13

thirteen
trece

14

fourteen
catorce

15

fifteen
quince

16

sixteen
dieciséis

17

seventeen
diecisiete

18

eighteen
dieciocho

19

nineteen
diecinueve

20

twenty
veinte

100

hundred
cien

1.000

thousand
mil

1.000.000

million
millón

numbers - números

languages
idiomas

English
inglés

American English
inglés estadounidense

Mandarin Chinese
chino mandarín

Hindi
hindi

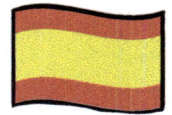
Spanish
español

French
francés

Arabic
árabe

Russian
ruso

Portuguese
portugués

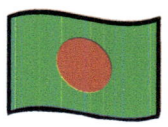
Bengali
bengalí

German
alemán

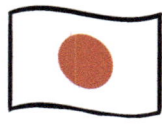
Japanese
japonés

who / what / how
quién / qué / cómo

I
yo

you
tú

he / she / it
él / ella

we
nosotros

you
vosotros

they
ellos

who?
¿quién?

what?
¿qué?

how?
¿cómo?

where?
¿dónde?

when?
¿cuándo?

name
nombre

where
donde

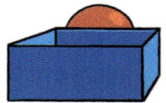

behind

detrás

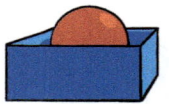

in

en

in front of

delante de

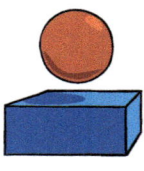

over

encima de

on

sobre

under

debajo de

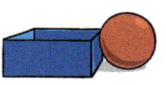

beside

junto a

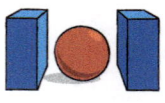

between

entre

place

lugar